Dieses *BUCH* gehört:

_____

_____

*Für meine wunderbaren Freunde und all unsere Kinder
in Erinnerung an die Tage, die wir am Meer verbrachten,
sowie jene, die noch kommen und an denen wir
gemeinsam den Wellen lauschen werden. N. D.*

Für Penny, die das Meer so liebt. E. S.

Nicola Davies

Mein erstes großes Buch vom Meer

Illustriert von Emily Sutton

Aus dem Englischen von
Ebi Naumann

Inhalt

UNTEN AM STRAND

REISEN

WUNDER

UNTER DEM MEER

Unten am Strand

Raus aus den Schuhen, rein ins Wasser
und los! Surfen, schwimmen, Sandburgen
bauen oder bloß dasitzen und in die Wellen
schauen: am Meer macht eigentlich alles Spaß.
Dabei erzählen uns die Wellen von einer viel
älteren Geschichte. Millionen von Jahren
haben sie damit zugebracht, die Felsen
in den Sand zwischen deinen
Zehen zu verwandeln.

Das Meer als Erster sehen

Wer wird das Meer als Erster sehen?
Wenn es zwischen den Bergen hervorlugt
oder jenseits der Autobahn seine verträumte Linie zieht.
Wer wird als Erster sein Herz hüpfen hören
und rufen: »Da! Da ist es! Das Meer!«
Als wäre der ganze Ozean verloren gegangen,
und plötzlich hätten wir ihn wiedergefunden.

Planschen

Kleine Wellen umspülen deine Knöchel,
und du gräbst deine Zehen in den Sand.
Irgendwo in diesem Wasser tummeln sich Delfine,
Haie und Riesenkraken, liegen Schiffswracks
und versunkene Berge.
Das Meer teilt alle seine Schätze mit deinen Zehen.

Sandburg

Über die Zugbrücke aus Treibholz,
den Kieselpfad entlang,
durch Tunnel und Gewölbe.

Endlich! Die Türme!
Ihre in den Sand gedrückten Fenster flimmern
in der Sonne, doch die Muscheltore sind verriegelt.

Wirst du eins öffnen können,
bevor das Meer den Burggraben erreicht,
oder morgen eine neue Sandburg bauen?

Seemöwen

Um sauber zu bleiben,
putzen Möwen sich raus,
dürfen's nicht zu bunt treiben —
macht das ihnen nichts aus?

Nein.

Denn wären nicht weiß sie,
hell, strahlend und schön,
würden im Schwarm nie
einander sie sehn.

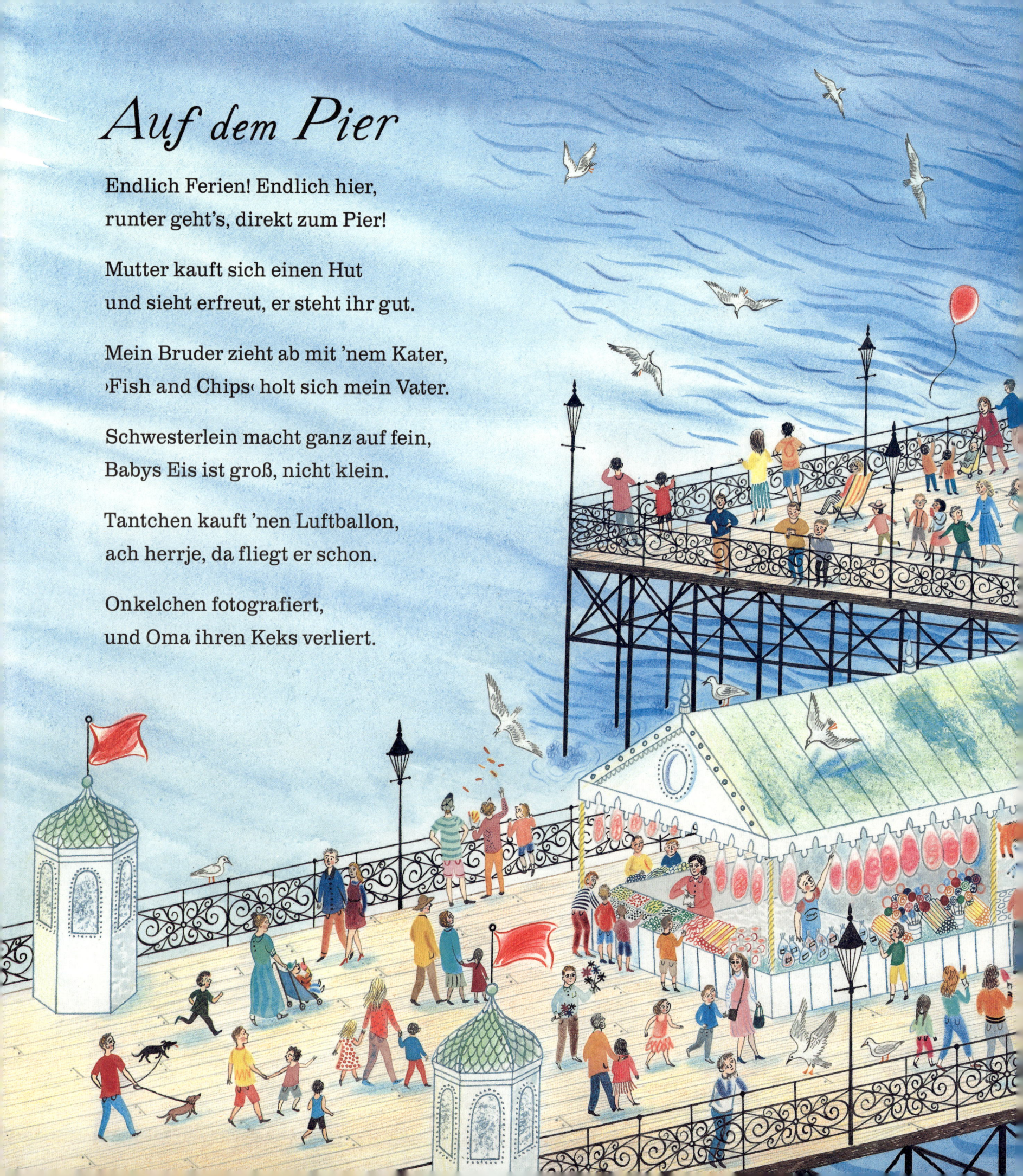

Auf dem Pier

Endlich Ferien! Endlich hier,
runter geht's, direkt zum Pier!

Mutter kauft sich einen Hut
und sieht erfreut, er steht ihr gut.

Mein Bruder zieht ab mit 'nem Kater,
›Fish and Chips‹ holt sich mein Vater.

Schwesterlein macht ganz auf fein,
Babys Eis ist groß, nicht klein.

Tantchen kauft 'nen Luftballon,
ach herrje, da fliegt er schon.

Onkelchen fotografiert,
und Oma ihren Keks verliert.

Auf die Welle warten

Dein Brett dümpelt in der Brandung.

Deine Füße baumeln im Wasser wie Blassfische.

Auf der ganzen Welt gibt es nur dich.

Den Himmel.

Das Meer.

Diesen Moment.

Die Welle erwischen

Wenn du die Welle erwischst, willst du schreien!

Wenn du die Welle erwischst, willst du singen!

Wenn du die Welle erwischst, willst du tanzen!

Wenn du die Welle erwischst, willst du nichts lieber

als die nächste Welle erwischen.

Leuchtturm

Der lange Finger aus Licht bewegt sich durch die Nacht,
um Felsen und Gefahren im trüben Wasser aufzuzeigen.
»Hier«, ruft das Licht. »Gebt Acht!«
Der Wind heult und der Sturm braust und braust.
Unter den Wellen lauern die Wracks,
aber das Licht ruft immerzu:
»Hier!« »Hier!« »Hier!«
Jemand passt auf euch auf.

Papageientaucher

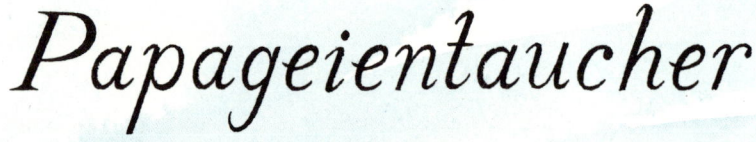

Ich tauche ins Wasser

so leicht wie das Licht.

Zip! Zip!,

auf den Grund,

wo die Sandaale zittern.

Mich in die Luft zu erheben,

ist schon schwerer.

Müde und matt

lass ich mich auf der Klippe nieder,

mit silbernem Bart.

Kieselsteine

Die Kiesel-Bäckerei hat heute geöffnet!
Dieses Quadrat aus Sand ist der Verkaufstresen.
An jenem Büschel Seegras ist die Tür.

Unser Gebäck ist vom Feinsten:
kleine Felsen, Lava,
uralter Meeresboden.
Manches davon wurde schon gebacken,
eh noch die Dinosaurier lebten.

Das Meer hat sie geformt,
hat sie gerollt und gerieben, gerieben und gerollt,
viele Tausend Jahre lang,
bis sie so klein wie Küchlein waren,
gerade recht für heute.

22

Strandkrabben

Graziös!
Die Krabbe trippelt seitwärts
wie eine Tänzerin
zu ihrem Mahl aus totem Fisch.

Wachsam!

Die Stielaugen ausgefahren, ständig auf der Hut.
Ihre großen Scheren reißen kleine Stücke raus
und führen sie zu ihrem Mund,
der emsig frisst.

Lustvoll!

Wie ein Riese, der Törtchen verspeist.

Fischfang fürs Abendessen

Wo die Schatten der Palmen auf Wellen

treffen, wirft ein Mann sein Netz aus.

Wie ein Spinnennetz taucht es ins Wasser,

aus heiterem Himmel,

um Fische zu fangen, gerade

genug fürs Abendessen.

Ich liebe Häfen

Ich liebe den Geruch von Häfen,
den Geruch nach Seetang, Maschinenöl und Fisch.
Ich liebe es, wenn das Takelwerk im Wind knattert
und Schiffsrümpfe quietschend gegen die Fender drücken.
Ich liebe das dumpfe Dröhnen großer Containerschiffe,
wenn sie seitwärts ablegen.
Ich liebe das Versprechen von Abenteuer
auf hoher See.

Muscheln suchen

Zum Muschelsuchen brauchst du keine Tricks.

Nur hinschauen musst du genau.

Am Anfang ist es nicht ganz leicht, aber bald

schon wird dein Auge feine Details ausmachen,

und du wirst kleine Schönheiten aufsammeln.

Lass dein Herz einen Moment lang singen,

dann leg sie wieder zurück:

ein anderer könnte sie brauchen.

Den ganzen Tag

Den ganzen Tag schauten wir den Wellen zu,
ihrem Auf und Ab und Hin und Her,
und wie ihre Gischt sich
zwischen die Felsen wirft.

Wir lauschten ihrem Tosen,
dem dumpfen Dröhnen ihrer Brandung,
dem verebbenden Zischeln beim Rückzug.

Den ganzen Tag schauten wir den Wellen zu
und sprachen kein Wort.
Dann gingen wir nach Hause.
Hand in Hand.

REISEN

Das Meer ist Schauplatz unzähliger
Reisen, von den Wanderungen der Wale
bis zu den Ausflügen der Napfschnecken
über einen Stein.
Auch wir Menschen durchqueren
die Ozeane schon seit Jahrtausenden:
auf der Suche nach einer neuen Heimat,
um den Planeten zu erforschen oder
einfach weil es so wunderbar
aufregend ist

Seemannslied

Um zu kreuzen, fangt den Wind.

Holt durch! Klar zur Halse!

Um den zu fangen, setzt die Segel.

Holt durch! Klar zur Halse!

Um die zu setzen, holt die Leinen.

Holt durch! Klar zur Halse!

Um anzuholen, singt ein Lied.

Holt durch! Klar zur Halse!

Um gut zu singen, fangt den Wind.

Holt durch! Klar zur Halse!

Um den zu fangen, kreuzt das Meer.

Napfschnecken

Napfschnecken richten sich nach den Gezeiten.

Mit der Flut machen sie sich auf den Weg und klettern

ein kleines Stückchen, weniger als eine Armeslänge.

Bei Ebbe kriechen sie zurück

und pressen ihren Napf fest gegen den Fels,

bis es so weit ist und die Flut zurückkehrt:

Zeit für den nächsten kleinen Spaziergang!

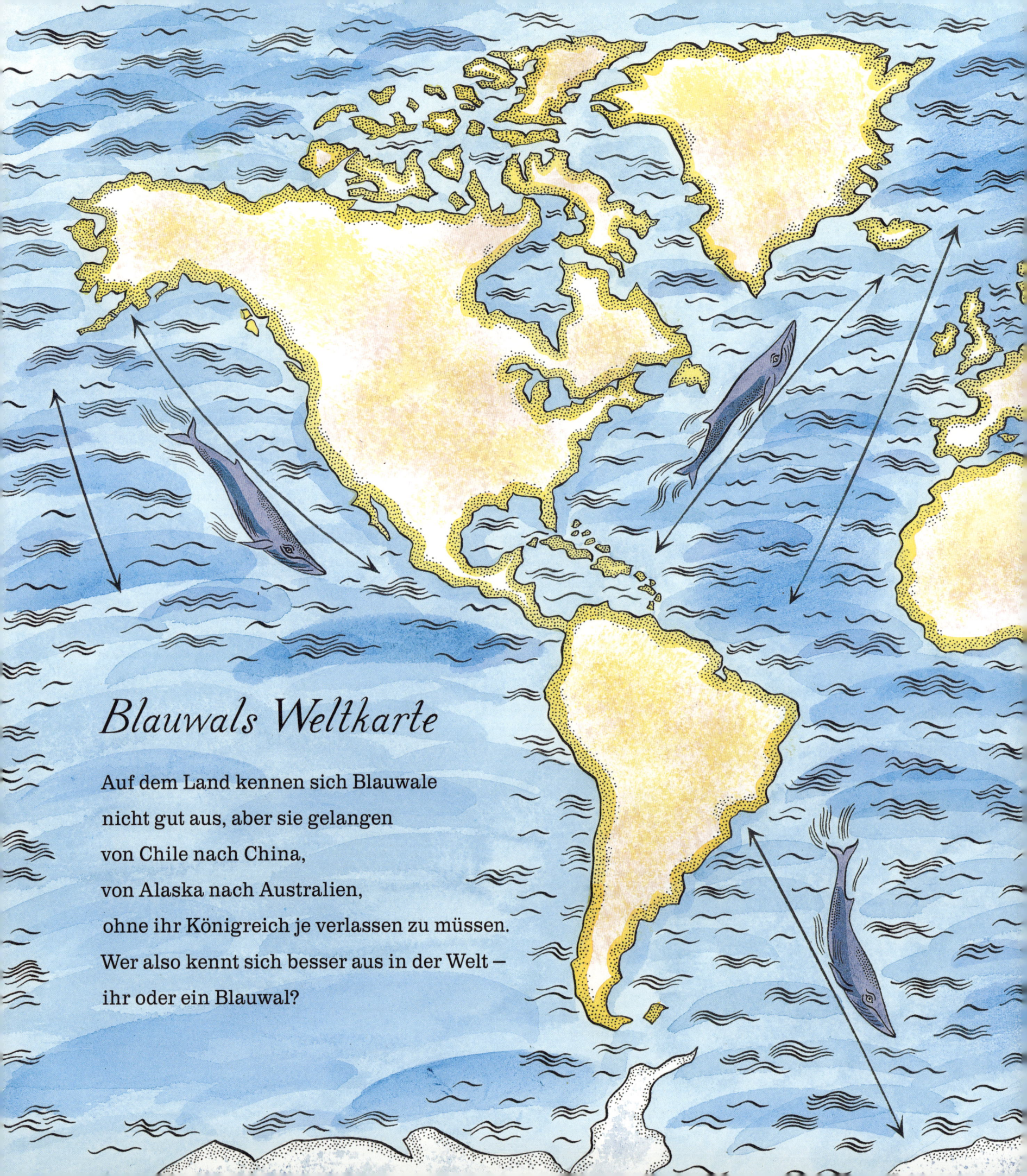

Blauwals Weltkarte

Auf dem Land kennen sich Blauwale
nicht gut aus, aber sie gelangen
von Chile nach China,
von Alaska nach Australien,
ohne ihr Königreich je verlassen zu müssen.
Wer also kennt sich besser aus in der Welt —
ihr oder ein Blauwal?

Die Reise des Admirals Zheng He

Sechshundert Jahre ist es her,
da segelte der kühne Zheng
von China bis nach Afrika.

Träumte von Drachenspucke und Weihrauch,
von Bernstein, hell wie Sonnenlicht.

Auf einem Schiff mit neun langen Masten
segelte der kühne Zheng
mit Segeln, walfischgroß.

Handelte mit Drachenspucke und Weihrauch,
mit Bernstein, hell wie Sonnenlicht.

Mit einer lebenden Giraffe an Bord
segelte der kühne Zheng
zurück nach China.

Sang von Drachenspucke und Weihrauch,
von Bernstein, hell wie Sonnenlicht.

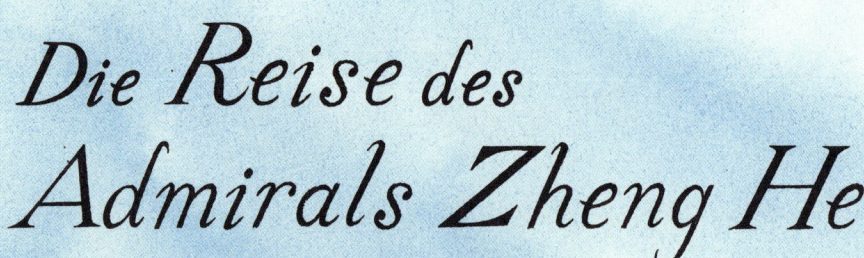

Sargassosee

Die Sargassosee ist ein Meer im Meer:
ein riesiger Wasserstrudel,
eingefasst von wirbelnden Strömen.
Du weißt, dass du dort gelandet bist,
wenn treibende Algen dich umgeben.
Gelb-golden und grün schwappen sie
in den Wellen und im Sonnenlicht,
voller Leben.

Weidenblattlarve

Durchsichtig, zerbrechlich wie ein Blatt
im Herbst, kleiner als dein Finger.
Und dennoch durchquert sie den Ozean
auf der Suche nach einer Flussmündung,
einem Platz, um sie selbst zu werden:

ein Aal.

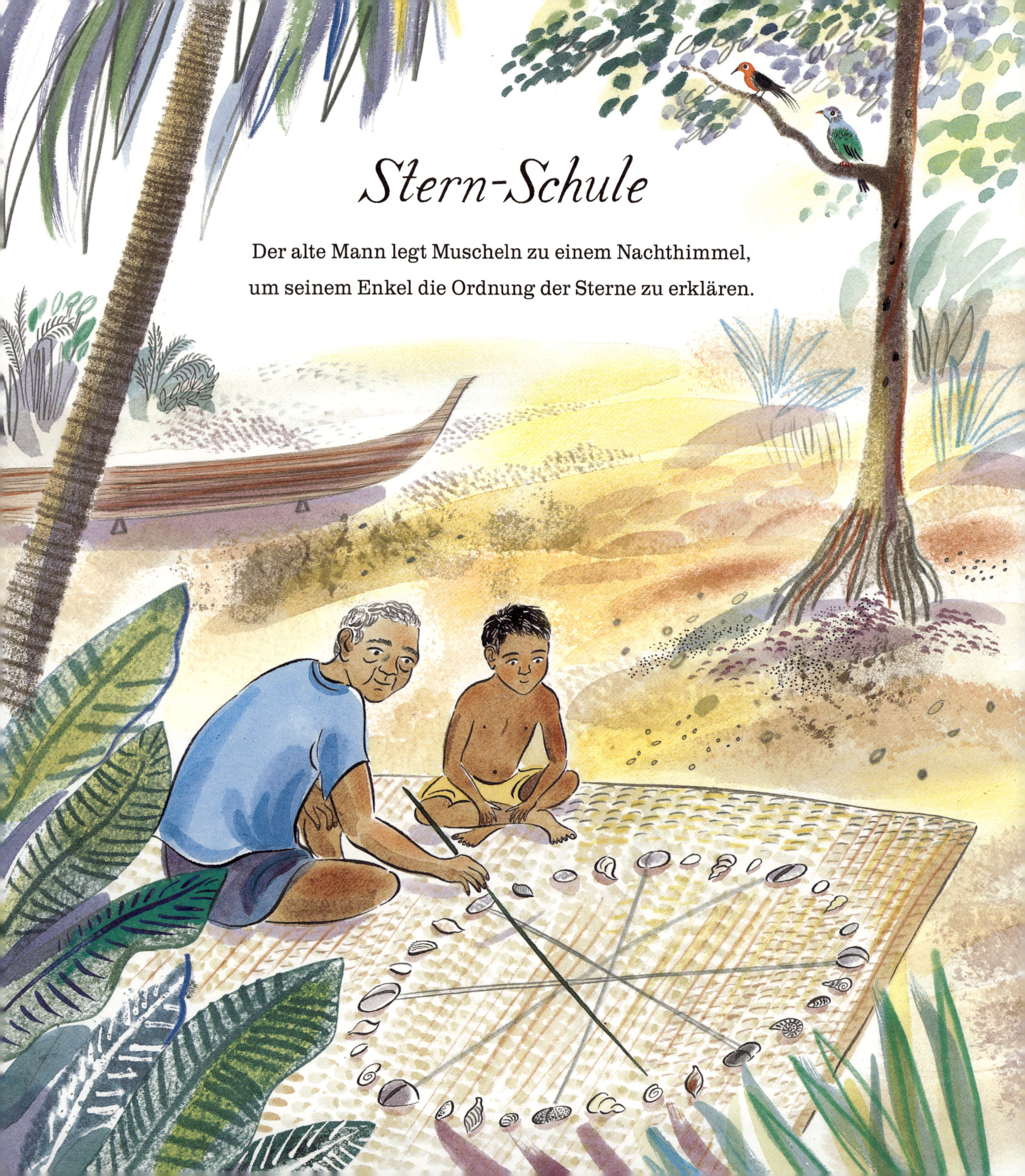

Stern-Schule

Der alte Mann legt Muscheln zu einem Nachthimmel,
um seinem Enkel die Ordnung der Sterne zu erklären.

Sie werden ihm den Weg über das Meer weisen
wie im Himmel ausgelegte Meilensteine.
Sie werden ihn sicher zu den kleinsten Inseln leiten,
grüne Sterne, verloren in einem Meer von Blau.

Die Meeresschildkröte

Es war ein windstiller, ruhiger Tag, unter uns

nichts als Wasser, mehr als dreitausend Meter tief,

zwei Tagesreisen von jedem Land entfernt.

Eine Schildkröte zog vorüber, kleiner

als ein Suppenteller, schwamm und schwamm,

bis sie unseren Blicken entschwand.

Von einem Horizont zum andern:

nichts als Meer,

und diese kleine Schildkröte

verfolgt ihren klaren, sicheren Kurs.

Beaufortskala

Dreizehn Stärken hat der Wind,
von null bis zwölf, weiß jedes Kind.

Die Skala, wenigen bekannt,
ward einst nach Lord Beaufort benannt.

Von null bis vier ist alles gut,
es fliegt vom Kopf nicht mal mein Hut.

Doch bläst der Wind mit fünf und mehr,
fällt segeln kleinen Booten schwer,

Was größeren erst Kummer macht,
erreicht der Wind die Stärke acht.

Auf Dampfern kann niemand mehr stehn,
schaukeln sie hin und her bei zehn.

Zwölf gibt es nur bei großen Stürmen,
wenn sich die Wellen haushoch türmen.

Am Radio, mitten im Meer,
horcht ein Seemann und hofft sehr,
die Skala möge bloß nicht prahlen
mit ihren allergrößten Zahlen,
damit sein Schiff nicht untergeht
und er an Land bald wieder steht.

Segler-Brevier

Großsegel

Fock

Besansegel

Klüver

Catboot

Kutter

Schoner

Brigg

Besansegel Großsegel Fock Klüver

ÜBERHANDKNOTEN

HALBER KNOTEN

WÜRGEKNOTEN

PALSTEK

FLÄMISCHER ACHTER

AUGSPLEISS

KURZE TROMPETE

SCHUHKNOTEN

SLIPSTEK

ACHTERKNOTEN

RÄUBERKNOTEN

HALBER SCHLAG

KRONENKNOTEN

SCHMETTERLINGSKNOTEN

LAUF-SCHLINGE
SCHOTSTEK
FLECHTKNOTEN
DOPPELTER ÜBERHAND
RORING-STEK

BUCHT-KNOTEN

ZEPPELIN-STEK

STAUER-KNOTEN

TROSSEN-STEK

SPIEREN-STICH

CATBOOT

KUTTER

SCHONER

BRIGG

ALTWEIBER-KNOTEN
ANKERSTICH
ENGLÄNDER SCHLINGE
PRUSIKKNOTEN

Ende der Fahrt

Einmal im Leben, mindestens,
solltest du in einem kleinen Schiff
von einer Fahrt heimkehren,
dem Meer so nah, dass du seinen Atem spürst.
Solltest die Nacht durchsegeln,
die Dunkelheit durchqueren.
Den Sternenhimmel betrachten
und den Tag heraufdämmern sehen.
Das Grün des Festlands riechen
und dein Herz jauchzen hören,
wenn der Hafen dich in seine Arme schließt.

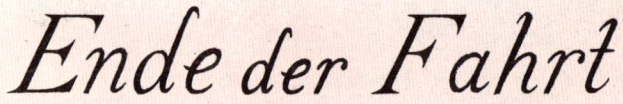

54

UNTER DEM MEER

Wir fangen gerade erst an, die Tiefseewesen
zu erkunden. Ihr Zuhause in den tiefsten Tiefen
des Ozeans ist uns so fremd wie die Mondoberfläche.
Das Leben dort unten eröffnet uns eine völlig neue Welt,
die es noch zu entdecken gilt!

Tief

Abwärts. Tief und immer tiefer.

Hinab, dorthin, wo ewig Kälte herrscht und Dunkel.

So tief, dass der Druck des Wassers über dir

dich zerquetschen würde wie einen winzigen Käfer.

Gestalten geraten in die Lichtkegel deiner Scheinwerfer:

undeutlich sich abzeichnende Ungetüme, leuchtende Körper,

merkwürdige Umrisse namenloser Kreaturen.

In ihrer Welt fühlst du dich wie ein Fremder.

Langleinen-Fischerei

Das Deck schwankt wie eine übergeschnappte Achterbahn.
Schwarze Brecher verbreiten ihre eiskalte Gischt.
Du sehnst dich nach deiner warmen Koje, aber wie
sollst du Ruhe finden, wenn bis zum Abend 5000 Haken
mit Ködern bestückt sein sollen?

Schleppnetz-Fischerei

Das monströse Netz reißt alles mit sich fort:
große Fische, kleine Fische, Krebse, Muscheln
und Korallen. Zurück bleibt nichts als Ödnis,
tot und verlassen. Bis auf Plastikflaschen,
die im Matsch versinken.

Riesenkalmar

»Riesenkalmare sind fürchterliche Bestien,
mindestens 500 Meter lang.
Schiffe verschlingen sie mit einem Happs,
schon ihr Anblick lässt uns vor Schreck erstarren.«

So weit das Reich der Sagen. Hier nun die Wahrheit:
Wie Filmaufnahmen beweisen,
sind Riesenkalmare feingliedrig,
glänzen wunderbar silbrig
und haben Augen groß wie Schüsseln.
Sie nutzen ihre Tentakel, um Fische zu fangen.
Zugegeben — sie sind recht groß, aber ganz gewiss
nicht groß genug, um Schiffe zu verschlingen.

Am tödlichsten?

Der Blaugeringelte Krake vielleicht?
Dessen kurzen Biss du kaum spürst,
bis du an ihm stirbst.

Ein Tigerhai?
Mit seinem Maul voll scharfer Zähne,
die dich in Stücke reißen können.

Eine Seewespenqualle?
Die Berührung mit einem einzigen ihrer
Tentakel kann tödlich für dich enden.

Nein! Am tödlichsten ist das
Plastik, das wir wegwerfen:
das erdrosselt und vergiftet unsere Meere.

Blitzlichtfische

Ein Gewitter aus Blitzlichtfischen!

An-aus, aus-an.

Eine Morsealphabet-Fiesta

lebendiger Laternen.

Arktischer Ozean

Der Himmel des Arktischen Ozeans ist aus Eis.

Zu Säulen geformt von der Strömung,

zu Bögen und Pyramiden.

Eisbären äugen hinunter.

Seehunde schießen herab,

Plankton-Krebse scharen sich zusammen,

und die Gesänge von Grönlandwalen

hallen und schallen im blauen Halbdunkel.

Riff-Drift

Korallen — fächeln, blühen und verzweigen sich,
schimmern zitronengelb, pink und violett.
Fischwolken wabern im flimmernden Sonnenlicht.
Plötzlich erfasst dich eine Welle, und du wirst
hinausgespült wie ein Atemhauch.
Du schwebst und unter dir eine Klippe
und nichts als Blau und Dunkel.

Tiefsee-Anglerfisch

In der Tiefe, dort,
wo ewige Nacht herrscht,
lauert ein Albtraum.
Er lockt seine Opfer mit einem kleinen Licht,
bis sie nah genug sind, um sie
mit seinen spitzen Zähnen
in sein klaffendes Maul zu zerren.

Fürchtest du dich?
Keine Angst — dieser schlechte
Traum ist viel zu tief unten,
um dir in deinen großen Zeh
zu zwicken!

Haie

Uns schaudert, wenn der Hai

gekonnt durch die Schatten gleitet,

gierig, lauernd.

Aber ohne dessen messerscharfe

Silhouette würde dem Meer etwas fehlen —

wie der Savanne, gäbe es die Löwen nicht.

Seetang-Dschungel

Seehunde tummeln sich wie
flüssiges Silber, wo Sonnenstrahlen Flecken
auf hin und her wogende Algen werfen.

Kleine Napfschnecken ducken sich,
neonbestrahlt, auf sich kräuselndem Seetang
eng aneinander.
Fische blitzen auf, nur kurz,
und verschwinden.

Auf dem Grund suchen Seeigel nach Nahrung.
Sie arbeiten sich durch die Wurzeln, die alles
dafür tun, dem wild wogenden Dschungel
Halt zu geben.

Mutter Seeotter

Sie rollt ihre Babys im Wasser
und wickelt sie in Strähnen aus Tang,
damit sie nicht verloren gehen,
während sie nach Seeigeln und
Muscheln taucht.

Schiffswrack

Das hölzerne Schiff, die Knochen der Besatzung –
lang schon verschwunden.
Nur die Tonkrüge, die es geladen hatte, liegen
auf dem Grund des Meeres wie ein Nest zerbrochener Eier.
Geisterhafte Spuren seiner einstigen Ladung:
Öl und Oliven, Parfum und Fische.
Zeugen seines längst vergangenen ›woher‹ und ›wohin‹
sowie seiner Mannschaft, die hier vor dreitausend
Jahren ihr Leben ließ.

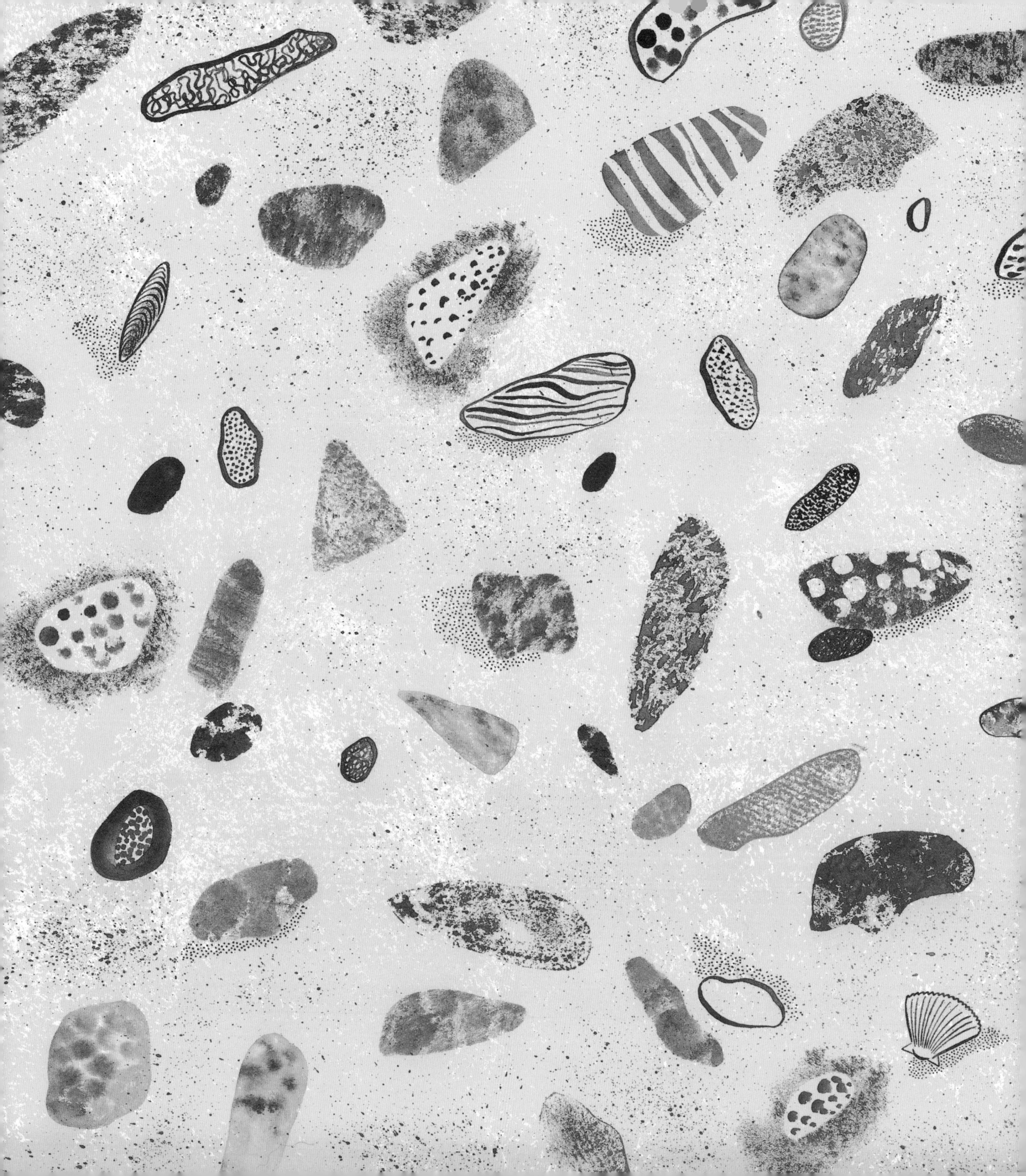

WUNDER

Auch wenn du nie einem Teufelsrochen folgen oder
Pinguine inmitten von Eisschollen herumtollen
sehen wirst — die vom Meer blank geputzten Steine
in deiner Hosentasche erinnern dich daran,
dass all diese fantastischen Dinge irgendwo auf
unserem wunderschönen Planeten auf dich
warten — vielleicht schon direkt
hinterm Horizont.

Felstümpel

Sand gibt's, um darin zu spielen.

Felstümpel sind etwas für Entdecker.

Fliegende Fische

Ganz plötzlich tauchen sie auf
aus dem unendlichen Blau.
Blink! Blink!
Zuerst einer, dann drei, dann fünfzig.
Schlängel!
Glitzer!
Gleiten und schweben und gleiten.
Rätselhaft und wundersam.
Fast nicht zu glauben:
Fische, die fliegen!

Nachtleuchten

Manchmal, nachts, wenn irgend-
etwas ihnen Angst einjagt, lassen
winzige Kreaturen, so winzig, dass
sie durch ein Nadelöhr passen,
im Meer ihr kleines Licht
aufflammen.

Dann hinterlässt dein Boot,

das unversehens durch das Wasser pflügt,

eine leuchtende Neonspur,

bis der Morgen graut.

Antarktis

Vom Meeresgrund schimmern Seesterne herauf, wie Blumen.

Pinguine schießen empor, inmitten einer Spur wirbelnder

Bläschen, und landen flossenschlagend auf den Eisschollen.

Zwischen diesen Pfannkuchen aus Eis lauern Seeleoparden,

und wilde Wellen branden gegen den Gletscherrand,

nagen an Eisbergen, bis diese krachend

in die Bucht stürzen.

Leben auf dem Meer

Das Meer ist unsere Welt, unsere Heimat.
Es schenkt uns alles, was wir brauchen –
Fische, Sandwürmer, Schnecken –,
und liefert Stoff für unsere Lieder.
Wir reiten auf dem Rücken von Haien,
und wenn der Sturm kommt,
weisen uns Fische den Weg.

Albatros

Haushohe Wellen
und Eisberge, so groß
wie kleine Länder.
Aufheulende Sturmböen,
die das Meer zu Schaum
zerschlagen, der die Luft erfüllt.
Wetter wie ein Kriegsschauplatz!
Der Albatros behält all das in seinem
unbewegten schwarzen Auge und
gleitet seelenruhig durch den Sturm.

Der Schwarm

Wirbel, wisch. Zwirbel, zisch. Blink, flink. Schimmer, glimmer.

Die Augen weit auf, drehen, tauchen. Immer.

Zehntausend sind eins, ein Körper in Bewegung,

ein schimmernder, tanzender Rhythmus,

der lebt.

Lieblingsdelfin

Sich für einen entscheiden?
Unmöglich!

Riesenmanta

Ein Schatten, eine riesige Scheibe

stößt ins Blickfeld.

Schlägt mit den Flügeln,

dreht träge seine Kreise über dir, und

deine Luftblasen kitzeln seinen blassen Bauch.

Buckelwals Lied

Der Buckelwal gleitet durchs blaue Halbdunkel
wie ein gerade vergessener Traum.
Mit ihren fächerförmig aufleuchtenden Strahlen
bereitet ihm die Sonne eine Bühne. Das Lied
beginnt:
schlingernde Schreie,
wimmerndes Wummern,
raue Rufe und *kollerndes Knurren,*
sich steigerndes Kreischen,
dann Stille.
Und während das Wasser
den Klängen noch nachhorcht,
beginnt das Lied von Neuem.

Perlentaucher

Im Auge des Perlentauchers das Meer.

Im Meer das Gewirr der Algen.

Im Gewirr der Algen die Auster.

In der Auster die Perle.

In der Perle das Auge des Tauchers.

Plankton

Plankton ist ein Wort für
etwas Klitzekleines.
Klitzeklein schwebt es im Meer:
Pflanzen, schneeflockengleich,
Tierchen wie winzige außerirdische Besucher.
Manch eines zu klein fürs bloße Auge.
Aber millionen-, billionen- und aberbillionenfach
dienen sie Fischen, Seehunden und Walen
als Nahrung und bereiten die Luft auf,
die wir atmen. So winzig ...
und so wichtig!

Inselträume

Jedes Fleckchen unter deinem Zeigefinger

ist eine kleine Welt für sich, umgeben von Wasser.

Eines Tages wirst du sie vielleicht besuchen,

aber noch muss es reichen, von den Inseln

zu träumen.

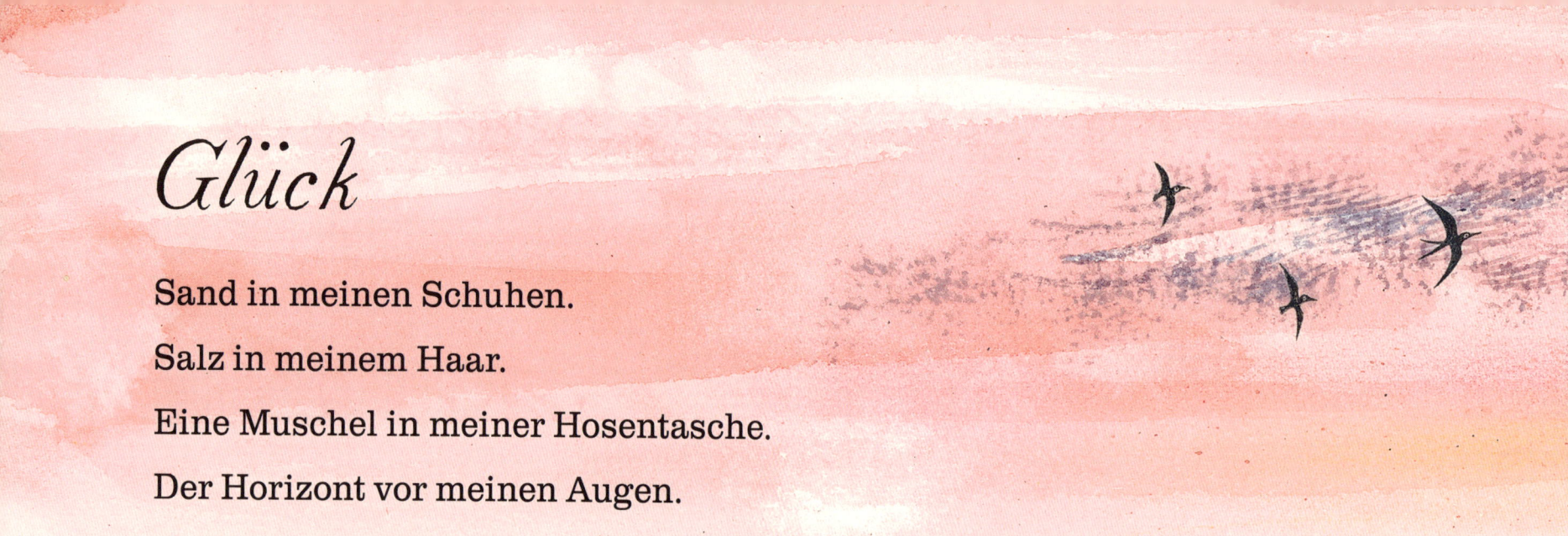

Glück

Sand in meinen Schuhen.

Salz in meinem Haar.

Eine Muschel in meiner Hosentasche.

Der Horizont vor meinen Augen.

1. Auflage 2019

Alle deutschen Rechte bei Aladin Verlag GmbH, Hamburg 2019

Text © 2018 Nicola Davies

Illustrationen © 2018 Emily Sutton

Originaltitel: A first book of the sea

Published by arrangement with Walker Books Limited, London

All rights reserved

Aus dem Englischen von Ebi Naumann

ISBN 978-3-8489-0152-4

Printed in China

www.aladin-verlag.de

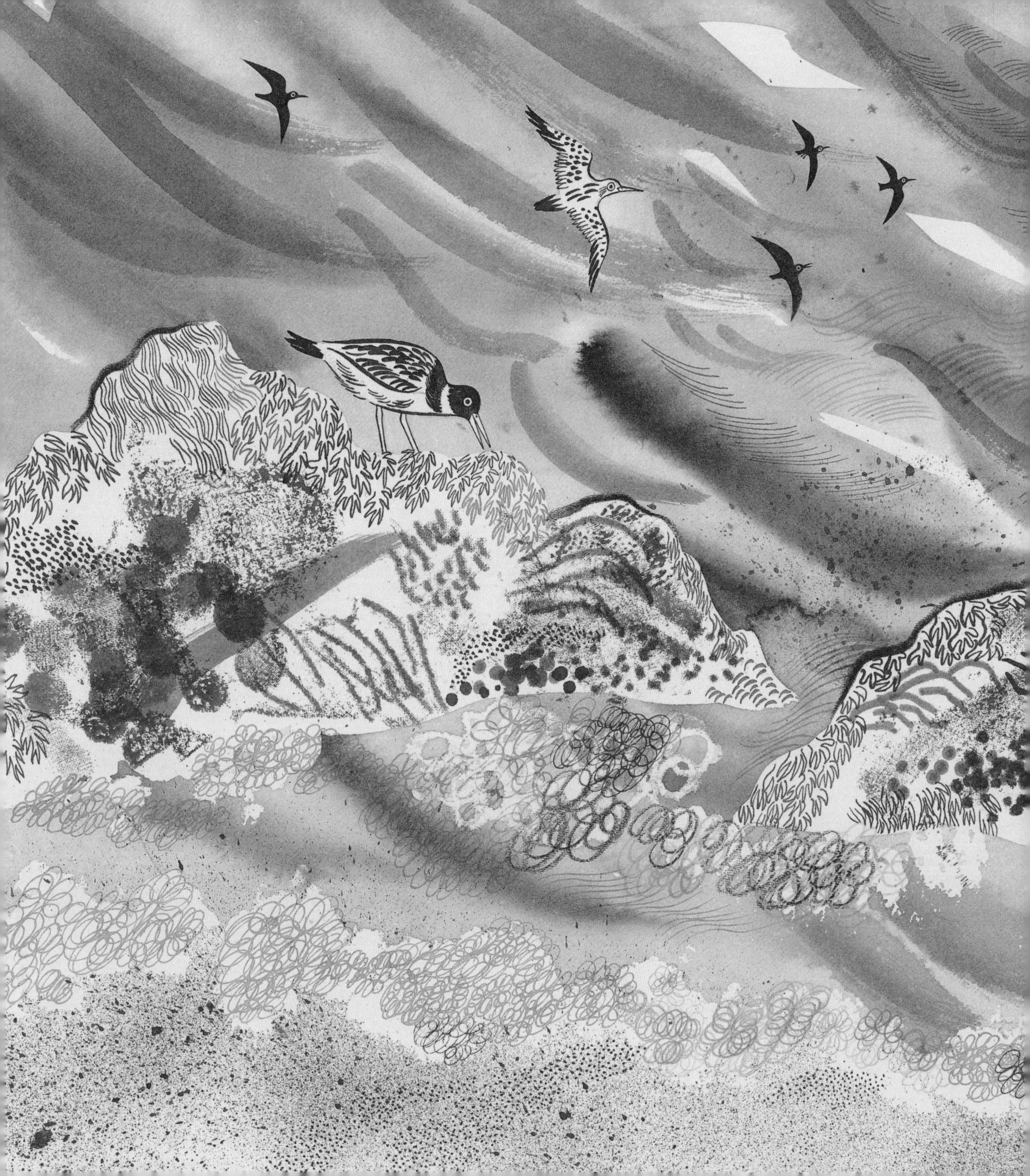